Tap.

Lettre

en

forme de dissertation

LETTRE

EN

FORME DE DISSERTATION,

Pouvant servir de Supplément à l'Eloge d'Antoine PETIT.

Par le citoyen TAP, officier de santé.

À PARIS,

Chez GUEFFIER, Imprimeur-Libraire, rue Gît-le-Cœur, n°. 16.

AN CINQUIÈME (1797).

LETTRE

EN FORME DE DISSERTATION,

Écrite par le citoyen TAP, à la Municipalité d'Orléans, le 4 nivôse an 4, en lui en voyant l'Éloge d'Antoine PETIT, pouvant servir de Supplément audit Éloge.

CITOYENS,

En vous faisant hommage de l'Éloge d'Antoine PETIT, je crois, en quelque manière, vous restituer votre bien. Qui plus que vous, eut des droits sur ce qui rappelle le souvenir de cet homme célèbre? Le titre de votre compatriote, étoit aussi le plus cher à son cœur. La ville d'Orléans se glorifiera à jamais de lui avoir donné naissance, et d'avoir recueilli ses précieuses cendres; car c'est dans son sein qu'il est venu finir ses jours. Antoine PETIT a voulu que cette ville, qui avoit été son berceau, et dans laquelle il avoit passé son enfance, renfermât aussi son tombeau. Les honneurs que vous lui avez rendus après sa mort, les regrets que vous avez fait éclater, tout concourt à me faire espérer que vous daignerez accueillir l'ouvrage que j'ai consacré à la mémoire de mon ancien maître.

Si les bornes d'un éloge ne m'ont permis d'y insérer que les principaux traits de sa vie, j'ai réservé, citoyens, pour vous seuls, des particularités qui ne peuvent manquer de vous intéresser : j'ai parlé à la France et à l'Europe, dont Antoine PETIT étoit connu ; je vais m'entretenir avec ses amis, et ma douleur semble s'adoucir, en la confondant avec la vôtre.

L'humanité réclame la publicité de tout ce qu'il a fait pour elle. Antoine PETIT s'apperçut, en commençant sa carrière, de l'imperfection de l'art vers lequel il étoit porté, comme par attrait. La justesse de son esprit, et les connoissances prématurées qu'il avoit acquises, lui présentèrent la plupart des médecins, comme de faux savans, des hommes à système, infectant la société de ce qu'ils avoient compilé sans choix et sans discernement dans divers auteurs, donnant, tête baissée, dans tous les écarts qu'entraînent les préjugés, enfans de l'ignorance ou d'une fausse érudition, incapables de caractériser la vraie nature des maladies ; s'imaginant laisser des traces de leur savoir dans de longues ordonnances qui sembloient les acquitter auprès des malades qui se livroient à leurs soins.

Antoine PETIT suivit une méthode toute oppo-

(5)

sée , et la seule , à mon avis , qui constitue le véritable médecin ; ce ne fut , ni dans les ouvrages des auteurs , ou des compilateurs , qu'il commença à étudier son art , mais dans le grand livre de la nature.

Ce livre , en s'ouvrant à ses yeux , lui découvrit la route qu'il a suivie avec tant de gloire , et le but qu'il devoit atteindre.

La forme , la structure , et la situation de toutes les parties du corps humain fixèrent dabord ses regards ; il considéra la différence qu'il présente dans l'état de maladie ou dans l'état de santé , et s'occupa à débarrasser l'enseignement de l'anatomie de toutes les inutilités dont l'avoit surchargée la pédanterie des écoles. Des professeurs perdoient un temps précieux à décrire les divers noms que les auteurs donnoient aux muscles , méthode aussi confuse que rebutante pour les élèves. Antoine PETIT , se contentant de termes reçus dans chaque langue , se montra bien plus jaloux d'indiquer les attaches (1) , les usages et les différentes maladies auxquelles chaque muscle étoit sujet. J'en dirai autant de la situation des vaisseaux et de la variété de leur position dans chaque individu (2).

La splanchnologie , cette science qui a pour objet la connoissance des viscères , Antoine PÉTIT la possédoit à un dégré si éminent , que son tact ne le trompoit jamais dans l'art de connoître les obstructions dont ses confrères nioient quelquefois l'exis-

A 3

(6)

tence, et de les redresser, lorsqu'ils se trompoient
en sens contraire (3). Je citerai dans la physiologie
la partie de l'estomac et du méchanisme de la diges-
tion, sur laquelle on avoit écrit des fatras. Antoine
PETIT perçant l'obsurité qu'ils avoient répandue, a
prouvé que l'estomac étoit une espèce de gibecière
où les solides et les liquides se confondoient, qu'il
en résultoit une coction d'où émanoit le chile, que
la qualité du chile dépendoit de la facilité ou des obs-
tacles que l'on éprouvoit à digérer, et que les raffraî-
chissans ou les échauffans s'approprioient aux diver-
ses dispositions de l'estomac de chaque individu.
Vous voyez, citoyens, combien ces connoissances
facilitoient à Antoine PETIT l'art de démêler les
principes des affections de chaque partie du corps
humain, de juger des symptômes et de la marche
des maladies. « Les médecins, disoit-il, ne sont que les
observateurs de la nature, chargés tour-à-tour de la
modérer ou de la stimuler suivant les circonstances:
s'écartent-ils de cette route, ils deviennent des assas-
sins. » l'Art, selon lui, n'avoit d'influence déterminée
que dans les maladies malignes et dans celles qui
tiennent *aux vices*, telles que les maux vénériens,
scrophuleux, scorbutiques, &c. Dans le premier cas
et lorsqu'il étoit appellé à temps, Antoine PETIT
déterminoit le jour préfixe de la guérison du malade;
dans le second, si le mal étoit encore à sa naissance,
ou n'avoit pas fait des progrès trop rapides, il en
arrêtoit le cours et le malade recouvroit la santé.

Antoine PETIT usant d'une manière si opposée à celle des autres médecins, s'attachoit à une maladie comme un amant (s'il m'est permis de me servir de cette expression), s'attache à sa maîtresse ; et toutes les soirées, loin d'être pour lui un temps de délassement, il les consacroit à méditer dans son cabinet sur les divers phénomènes relatifs à son art : aussi est-il parvenu à ne reconnoître ni émule ni rival dans la science des diagnostiques, science si délicate, si inconnue à la plupart des médecins, et qui a une influence si marquée pour la cure, par la raison toute simple que la pénétration de la nature des maladies amène avec elle le discernement des remèdes qui leur conviennent : ce choix dans la connoissance de la propriété et de l'effet des médicamens connus sous le nom de thérapheutique, à quel dégré Antoine PETIT ne la possédoit-il pas ? Ne s'attachant qu'au seul remède propre au mal qu'il vouloit combattre, ennemi des mélanges qui en altèrent la vertu ; la concision (4) de ses ordonnances ne devoit guères le faire aimer des apothicaires, dont à la vérité l'état se trouveroit ruiné, si la faculté eût adopté la même méthode. Dans les maladies incurables, telles que le cancer, je l'ai vu il y a environ trente ans, s'isoler de toute occupation étrangère, s'attacher exclusivement à deux malades qui en étoient atteintes, pour suivre l'administration de l'extrait de ciguë que le docteur Store avoit tant vanté comme spécifique. Antoine PETIT s'appercevant du peu d'efficacité de celui qu'on tiroit de ces pays-ci, en demandà au docteur, avec lequel il ne réussit pas davantage : qu'on juge d'après cela de l'efficacité de ce prétendu spécifique ! Antoine PETIT a prouvé par sa conduite qu'il ne faisoit pas la médecine pour s'enrichir, mais pour être utile à l'humanité, s'occupant moins de l'état de celui (fût-ce un élève) qui avoit ordonné le remède, que du remède en lui-même ; ne méprisant jamais l'avis des personnes de l'art ; différant sur ce point essentiel de la plupart des médecins anciens et modernes qui font consister une certaine vanité, à mépriser les ordonnances qui ne sont pas émanées d'eux, et affectent un dédain encore plus marqué pour celles des chirurgiens dont la déférence aveugle sert depuis trop long-temps de fondement à la morgue doctorale. Antoine PETIT regardoit la chirurgie comme le plus ancien de tous les arts, le premier dont les livres connus dans l'antiquité la plus reculée ayent fait mention, et qui a dû nécessairement devancer celui de la médecine. Cet avantage de discerner la nature des infirmités du corps humain, appartenoit selon lui par excellence à ceux qui l'ont disséqué lors de l'apprentissage par lequel ils débutent, et de la pratique à laquelle il les asservit. L'anatomie étoit à ses yeux, comme je l'ai dit dans son éloge, la base sur laquelle porte principalement l'art de guérir. Il regardoit en effet comme impossible d'exercer la médecine avec fruit, si l'on n'avoit commencé par être chirurgien, sujet qu'il a traité savamment dans un ouvrage où il cherche à détruire ce faux préjugé accrédité par la vanité de certains grands qui attachoient une espèce de honte aux soins des chirurgiens dans les maladies qui n'avoient pas des rapports directs avec leur profession. Antoine PETIT m'a appris à ne pas redouter le combat avec les docteurs de la faculté; ils ne m'en imposeront ni par leurs ordonnances, ni par l'affectation qu'ils mettent à faire bande à part et qu'ils portent jusques dans leur signature, depuis que la convention nationale a sagement caractérisé l'union qui devoit régner entre ces deux états, en confondant les uns et les autres sous le titre commun d'officiers de santé. Pardonnez-moi, citoyens, cette digression dans laquelle m'ont entraîné la vérité et la reconnoissance que je dois à mon ancien maître. J'ose ajouter que si Molière, qui a tant ridiculisé les docteurs de son temps, en avoit connu tels qu'Antoine PETIT, de pareils hommes eussent moins été l'objet de sa critique que celui de son admiration; mais la nature sembloit avoir révélé à Molière qu'il y avoit alors, ainsi qu'à présent, une foule de docteurs et un petit nombre de véritables médecins (6).

Je me plais à considérer Antoine PETIT sous un autre rapport: s'il étoit cher aux sciences qu'il a cultivées, il ne l'est pas moins à tous ceux qui connoissent le prix de la liberté et des vertus républicaines.

Ennemi de ces hommes dont le nombre s'accroît tous les jours davantage, et qui ne sont, s'il m'est permis de le dire, républicains que de bouche : franchise, loyauté, désintéressement, desir de répandre sur les autres les bienfaits qu'on en voudroit receuillir, mépris pour la fortune, les honneurs, les dignités, n'envisager les places que comme un moyen de servir la patrie, de satisfaire notre amour pour le bien public, de maintenir la paix dans la société, l'union dans les familles, d'assurer le repos et la prospérité des citoyens, annoncer, bien plus par l'exemple que par de stériles paroles les dispositions de notre âme ; telle étoit l'idée qu'Antoine PETIT avoit conçue d'un véritable républicain: aussi désespéroit-il la dernière fois que j'ai eu le bonheur de le voir, de la stabilité de la république, tant qu'on ne s'attacheroit dans le choix des sujets destinés à remplir des emplois ni à leurs mœurs, ni à leur probité, ni à la rectitude de leur jugement ; que les places ne seroient que le prix de l'intrigue ; qu'on ne les obtiendroit que pour s'enrichir ; qu'on les quitteroit sans rendre compte de sa gestion ; qu'on oublieroit que, si l'état déplorable des finances avoit amené la révolution, rien ne contribuoit davantage à leur délabrement que la rapacité des fonctionnaires publics ; que l'on ne pouvoit guères espérer que celui qui ne se respectoit pas lui-même, respectât la chose publique, et méritât cette confiance, même cette vénération que la vertu arrache aux plus grands scélérats.

Antoine PETIT ne reconnoissoit d'autre ambi-
tion (et il l'a assez prouvé dans le cours de sa vie)
que celle de la gloire qui nous acquiert l'estime de nos
concitoyens, et regardoit celui qui avoit besoin de
la verge du despotisme pour être ramené à son
devoir, comme méritant de devenir la proie des
corsaires de Tunis ou d'Alger.

Antoine PETIT jouira dans la postérité du titre
de grand homme, sans que la somme de ses vices ou
de ses vertus puisse être mise en balance. Il avoit
été à un tel point favorisé par le génie qui présida à
sa naissance, que les défauts qu'on lui reproche,
cette confiance donnée à des gens qui ne la méritoient
pas, cet abandon à ceux qui savoient trouver le
chemin de son cœur, une condescendance pour eux
quelquefois déplacée, prenoient leur source dans
les heureuses dispositions de son ame, qui lui pré-
sentoit dans les autres la mauvaise volonté pour de
la foiblesse, l'hypocrisie pour de la franchise, le
mensonge pour la vérité.

Je ne finirois pas, citoyens, si je voulois rapporter
tous les traits qui le caractérisent comme médecin
et comme ami de l'humanité : je sens aussi qu'il eût
peut-être convenu à ma position et à mon peu de
talens dans l'art d'écrire, de me borner à arroser de
larmes la respectable cendre sur laquelle je viens de
jetter quelques fleurs; mais la reconnoissance sera
mon excuse. S'il est permis d'ailleurs d'excéder les

bornes, et d'aspirer à l'indulgence de nos concitoyens c'est dans les hommages que l'on rend à la vertu.

TAP , *Officier de santé, rue Michel-le-Pelletier , ci-devant le-Comte , n°s 48 et 257, section de la Réunion.*

P. S. J'ajoute cette note qui méritera peut-être , citoyens , d'être prise par vous en considération : il doit exister dans les porte-feuilles d'Antoine PETIT divers mémoires intéressans, entr'autres un traité sur les maladies en général , qu'il se proposoit de donner au public, un sur celle des yeux , et un autre sur les accouchemens auxquels je me rappelle de l'avoir vu travailler. Combien la publicité de ces précieux morceaux ne seroit-elle pas intéressante pour l'humanité. J'en suis tellement convaincu que j'offre à la veuve qu'il a laissée, de mettre ses divers ouvrages en ordre , et d'en composer une édition à son profit ; je m'associerois pour ce travail ceux qui seroient capables de le conduire à sa perfection. Cette offre, citoyens, en passant par vous, acquiert un titre de plus pour être accueillie.

NOTES.

(1) JE citerai à ce propos l'exemple d'un malade attaqué, il y a environ trente ans, de mouvemens convulsifs les plus graves. Le citoyen Senac, premier médecin de Louis XVI, après avoir administré sans succès toutes sortes de remèdes, envoya ledit malade à Antoine PETIT qui ordonna dabord de supprimer un cautère qu'on lui avoit appliqué à la partie supérieure et interne du tibiá sur les attaches des muscles et sur-tout du grand couturier, suppession qui fit cesser sur-le-champ tous les accidens, et attira à Antoine PETIT les témoignages de la satisfaction et de la surprise du citoyen Senac, qu'une aussi petite cause produisît d'aussi grands accidens ; à quoi Antoine PETIT répondit *que la médecine ne tenoit qu'à des petites causes de cette nature.*

(2) Je justifierai cette assertion par un exemple qui remonte à-peu-près à la même époque que le précedent. Le fils du commissaire Bourgeois, logé rue St-Avoie à côté de la maison où Antoine PETIT habitoit alors, fut attaqué d'une tumeur à la cuisse, qui devint considérable dans très-peu de jours. Sur quatorze consultans, Antoine PETIT se trouva le seul qui jugea la tumeur aneuvrismale, et annonça que s'il étoit opéré, le malade étoit mort. Le père du jeune homme, vis-à-vis duquel il insista principalement, n'ayant eu aucun égard à ses représentations, l'avis des treize l'emporta, et le malade mourut environ 24 heures après l'opération, conformément à la prédiction d'Antoine PETIT.

(3) Deux exemples de ces deux cas opposés trouvent ici naturellement leurs places.

Un homme de marque étant venu consulter Antoine PETIT, il y a environ 25 ans, pour des maux d'estomac assez graves, avoit recouru précédemment et sans succès à toutes sortes de remèdes. Antoine P e t i t le tâta, trouva le petit lobe du foie entièrement squirreux, et jugea la maladie incurable. L'adhérance du foie à l'estomac auquel il se trouve collé, avoit donné lieu à la méprise.

Exemple opposé. Peu de temps après, Antoine P e t i t fut consulté par un homme grand et sec, demeurant rue Montmartre, qui, après avoir parcouru presque toutes les universités de l'Europe, pour être guéri d'une obstruction au pancréas n'avoit retiré aucun fruit de ses voyages. Antoine P e t i t l'ayant examiné, trouva que ce que l'on prenoit pour une obstruction n'étoit que la saillie de l'épine occasionnée par sa courbure intérieure, et lui assura (je rappelle ici ses propres paroles), *qu'il n'avoit pas plus d'obstruction au pancréas que dans l'œil*: il lui conseilla en conséquence de cesser les remèdes, et de reprendre son régime de vie accoutumé; ce qui le rétablit en peu de temps. Je ne finirois pas si je voulois cumuler des faits du même genre dont j'ai été le témoin.

(4) Ce n'est pas que, lorsque le cas le requéroit, Antoine P e t i t ne sut ordonner. J'ai vu, il y a environ 25 ans, un citoyen d'un certain rang, qui s'étoit fait couper un cor à un des doigts du pied par un garçon chirurgien; il en sortit un peu de sang: le petit bobo occasionné par cette coupure ne put pas se guérir, malgré tous les remèdes dont on usa pendant plus de six mois, ordonnés par les plus habiles médecins et chirurgiens de ce temps-là. Le mal n'augmentoit pas à la vérité, mais le malade ne concevant pas moins d'inquiétude de sa durée, reçut d'un de ses amis le conseil d'aller trouver Antoine P e t i t, qui, à la seule inspection du bobo, jugea que cet homme avoit le scorbut au troisième degré, et gardant le silence sur la nature du mal, se borna à lui dire qu'il alloit mettre son ordonnance par écrit. Le malade, surpris de la longueur de cette ordonnance, entra dans la plus grande colère, et proféra même contre Antoine P e t i t les paroles les plus injurieuses; ce

qui obligea ce dernier à le mettre dehors , après lui avoir toutefois annoncé que s'il ne suivoit pas à la lettre le traitement qu'il venoit de lui prescrire , il mourroit du scorbut dans l'espace de 15 mois. Un an s'écoula , et pendant cet intervalle l'ordonnance fut méprisée. A cette époque , je fus appellé par le chirurgien qui voyoit ledit malade , et j'engageai à sa sollicitation Antoine PETIT à venir le visiter. Toute l'extrémité étoit alors desséchée jusqu'à la moitié de la cuisse ; on avoit déjà fait une consultation pour déterminer s'il y auroit lieu ou non à l'amputation : Antoine PETIT décida que dans aucune de ces deux alternatives le malade ne vivroit pas trois mois. L'opération fut faite sans qu'il la sentit , et il mourut avant le terme prédit par Antoine PETIT.

(5) Quand le bon sens seul ne suffiroit pas pour nous en convaincre , puisque les chûtes doivent avoir donné lieu , dès l'origine du genre humain , à des fractures , etc. Moyse fait lui-même mention de cet art , lorsqu'il ordonne que celui qui en aura blessé un autre , paiera au blessé son temps, et le salaire au chirurgien qui l'aura guéri.

Homère parle aussi de plusieurs princes qui pansèrent les blessés au siège de Troye , etc.

(6) Je terminerai ces notes par une observation qui prouvera la supériorité de ses connoissances. Je donnois des soins , il y a à-peu-près douze ans , à une femme qui logeoit rue Michel-le-Pelletier, maison contiguë à celle que j'y occuppe aujourd'hui , pour un gonflement considérable qu'elle avoit à la matrice , accident occasionné par le temps de la seconde révolution. Les douleurs et le spasme qui accompagnent d'ordinaire ces affectious-là , me déterminèrent autant pour ma tranquillité que pour celle de la malade , à appeller auprès d'elle Antoine PETIT, qui trouva l'orifice de la matrice très-gonflé, mais sans dureté et fort uni. Antoine PETIT jugea et assura à la malade que cela ne seroit rien ; qu'il n'étoit question que d'un temps à passer , ordonna seulement pour

remèdes, quelques antispasmodiques et fondans, et partit peu de jours après pour Turin, où il étoit appellé. Les accidens continuèrent toujours pendant son absence. J'appellai auprès de la malade, par condescendance pour ses desirs, plusieurs célèbres médecins, chirurgiens et accoucheurs, qui s'accordèrent tous à la condamner comme devant périr d'un ulcère à la matrice. Antoine PETIT de retour de Turin au bout de six mois, trouva les choses dans le même état, et soutint au contraire qu'il n'y avoit qu'une tuméfaction, ainsi qu'il l'avoit jugé à la première visite, quoique la matrice fût alors aussi gonflée que si la malade eût été grosse de huit mois. Les choses restèrent dans le même état pendant environ près d'une année, au bout duquel terme la malade guérit parfaitement, et engraissa d'une manière d'autant plus sensible que son mal l'avoit extrêmement maigrie.

On doit observer à ce sujet que le temps critique chez les femmes, dure quelquefois plusieurs années ; comme il arriva à celle-ci, ainsi qu'à deux de ses sœurs qui n'en ont été quitte qu'au bout de quatre ou cinq ans.

* 9 7 8 2 3 2 9 1 5 7 1 5 3 *